ARMORIAL DE LORRAINE.

ARMORIAL DE LORRAINE.

RECUEIL DES ARMES
DE L'ANCIENNE CHEVALERIE DE LORRAINE

PUBLIÉ

D'APRÈS UN MANUSCRIT DU NOBLE JEAN CALLOT, HÉRAUT D'ARMES DU DUC CHARLES II

PAR

ALFRED GRENSER,
MEMBRE DE PLUSIEURS SOCIÉTÉS HISTORIQUES ET ANTIQUAIRES.

LEIPSIC,
M. G. PRIBER.
1863.

A MON AMI HÉRALDIQUE

FRÉDÉRIC HEYER

PREMIER-LIEUTENANT AU 29e RÉGIMENT D'INFANTERIE J. R.
„COMTE THUN-HOHENSTEIN".

PRÉFACE.

Après dix années consacrées à la collection générale des ouvrages héraldiques il m'a été impossible de découvrir un exemplaire du Recueil des armes de la Noblesse de Lorraine par Callot, que je ne connaisais que par les notices qui donnent M. M. Bernd et Brunet. J'ai recherché sans relâche tout dans l'Allemagne qu'à l'étranger les traces de cet ouvrage, mais toujours en vain.

D'après Brunet le titre de cette oeuvre, tirée probablement à un petit nombre d'éxemplaires est: ,,Recueil des armes et blasons de la noblesse de l'ancienne chevalerie de Lorraine et autres bonnes maisons étrangères et alliées, recherchées par noble Jean Callot, heraut d'armes des duchez de Lorraine et Barrois, et par luy-même dédié à Monsieur du Chastellet, maréchal de Lorraine. — Sans lieu ni date, pet. in 4." et Brunet ajoute la notice suivante: ,,Recueil de 206 blasons gravés dans des cartouches de modèle uniforme; au bas de l'écu on lit, en lettres italiques gravées sur la planche, le nom du personnage avec la description du blason. Chaque blason occupe le recto d'un feuillet dont le verso est blanc. Telle est la description de ce livre *fort rare* que donne M. de Meaume, pages 97 et 98 de ses Recherches sur Jacques Callot (le célèbre artiste) d'après l'exemplaire porté sous le No. 2043 du catalogue de M. Noël, de Nancy. Dans cet exemplaire le titre ci-dessus est manuscrit ainsi que la dédicace *à Messieurs de l'ancienne chevalerie de Lorraine*, qui l'accompagne; il paraît que ces deux pièces n'existent pas imprimées. On ne sait pas bien positivement si le Jean Callot, qui a signé cette dédicace était le père de Jacques Callot, ou son frère ou son neveu." —

Par conséquent Brunet lui-même n'a pas vu cet ouvrage.

Enfin cette année il est arrivé en mes mains un ancien manuscrit de la Bibliotheca Uffenbachia de Francfort s M., intitulé: „Noblesse de Lorraine-Haute, par noble homme Jean Callot, Roy d'armes du Duc Charles II. du nom." Il renferme les dessins de 157 écussons de la noblesse de Lorraine, et a servi sans doute de base à l'ouvrage de Callot cité par Brunet, ou en est une copie, coique le nombre des armes n'est pas pareil.

Pour faire connaître cette trouvaille aux amis de l'héraldique et des sciences historiques j'ai entrepris la publication de ce rare manuscrit dans la forme suivante.

Sur treize planches se trouvent les écussons de l'Ancienne Chevalerie Lorraine et le texte ci-joint en donne l'exacte description, ainsi que celle des cimiers, partout ils sont connus, et enfin quelques notices historiques et généalogiques.

Nous souhaitons que les nobles familles encore existantes de ce vieux Duché Germanique, et il en existe encore bon nombre, accueilleront cet ouvrage avec faveur, car nous avons eu pour but de conserver intact les écussons de leurs aïeux, et cela dans un temps où les intérêts matériels et le penchant à détruire tout souvenir des temps passés menace de ruiner la durée et l'intelligence de cette antique science héraldique, ce respectable produit du Moyen-âge!

LEIPSIC, ce 20. Novembre 1862.

Alfred Grenser.

L'ANCIENNE CHEVALERIE[1]

DE

LORRAINE.

Explication des Planches

et notices héraldiques et historiques.

Aarowey. — Or, à la bande de gueules accompagnée de dix billettes de même.
  Cimier : un vol adossé au blason de l'écu.
Abencourt.[2] — Or à deux tours d'azur au canton gironné d'argent et de gueules de huit pièces.
  Cimier : une tête de cygne d'argent becqué de gueules.
Aigremont. — Gueules au lion d'argent couronné d'or, armé et lampassé d'azur.
Allamont. — Gueules au croissant montant d'argent, au chef d'or chargé d'un lambel d'azur de trois pièces.
  Heaume couronné d'or. *Cimier :* deux têtes de chiens de gueules, accolées d'or.
Amance.[3] — Argent à l'écusson de gueules.
  Cimier : un écusson de gueules au milieu d'un vol adossé d'argent.
Anglure.[4] — Or semé de sonnettes d'argent soutenues de croissants (alias chevrons) de gueules; écartelé de *Chastillon :* de gueules, à trois pals de vair, au chef d'or.
Aspremont.[5] — De gueules à la croix plaine d'argent (alias d'or).
  Cimier : un aigle naissant d'argent langué de gueules.

---

1) On appelle au propre *Ancienne Chevalerie* la Noblesse dont les aïeux ont été en Terre-Sainte, avec Godefroy de Bouillon, du temps des Croisades. Presque toutes ces familles lorraines portent le nom du lieu de leur origine, ou domaine qui sont indiqués sur les anciennes cartes de la Lorraine, comme: Generalis Lotharingiae Ducatus tabula par Nicol. Visscher. Amst. Bat. — Mappa geographica Ducatus Lotharingiae et Bar design. per Tob. Conr. Lotter, Geogr. Aug. Vind. etc.

2) Ou Abancourt. Charles Xaver Joseph d'A., dernier ministre de la guerre sous Louis XVI. (1792) tomba victime de la révolution; Charles Frerot d'A., général français, fameux par ses excellentes cartes, mort en 1801 à Munich.

3) La terre d'Amance est située dans le dép. de la Saône, district de Vesoul.

4) Anglure, dans le dép. de la Marne, arrond. Epernay, était une des plus anciennes baronnies de Champagne. — L'illustre maison de Chastillon, qui s'est éteinte de nos jours, tirait son nom de la ville et comté de Châtillon-sur-Marne, situés près de Dormans. Son histoire généalogique a été publiée par André Duchesne, 1 vol. in fol. Paris 1621.

5) Ou Apremont; maison de comte très-ancienne; la terre de ce nom est située près de Metz. Quelques auteurs font dériver l'origine de la maison d'Attestinis (d'Este) à Rome. Le comté d'Aspremont est dit avoir

Aspremont. — Sable au chef d'argent chargé de trois merlettes de gueules.
Augeuiller. — Azur à la bande d'or chargée de trois coquilles de gueules, accompagnées de huit billettes d'argent, 4 en chef, et 4 en pointe.
Autel. — Gueules à la croix plaine d'or accompagnée de seize billettes de même.
Cimier: un bus au blason de l'écu couvert d'un chapeau de cardinal.
Autremont. — Sinople à la croix échiquetée d'or et de gueules de trois traits.
Ayne. — Écartelé de gueules et d'or.
Ayne. — Azur à la bande d'or de trois pièces.
Cimier: un bus au blason de l'écu.
Badricourt.[6] — Or au lion de sable.
Cimier: un lion naissant de sable.
Baissey. — Azur à trois quintefeuilles pensées (alias roses) d'or.
Cimier: une tête de buffle de sable couronnée d'or, la narine bouclée d'un annelet d'or.
Ballemont. — Burellé d'argent et de gueules de dix pièces.
Cimier: un vol adossé au blason de l'écu.
Barbay. — Gueules à trois jumelles d'argent à la bordure de même.
Baresey. — Gueules au lion d'argent accompagnées de trois roses de même à la bordure de l'écu d'or.
Barisy. — Gueules au chef d'argent chargé de deux têtes de mores de sable bandées d'argent.
Bassompierre.[7] — Argent au chevron de gueules de trois pièces.
Cimier: un écusson au blason de l'écu au milieu d'un vol de sable.
Baxemont. — Azur au clef d'argent (en pal ou en bande).
Bayer de Boppart.[8] — Argent au lion de sable écartelé de gueules à un bras d'argent en barre revêtu d'azur élevant une bague d'or.
Cimier: un lion naissant de sable au milieu d'un vol d'argent.

été reçu de Sigefroid par Charles Martel vers 680; en foi de quoi la famille, qui existe encore en Belgique et en Autriche, apparaît depuis 1100. Reconnu fief immédiat de l'Empire par la bulle de Charles-Quint, 1354; la haute souveraineté et droit d'investiture furent cédés au roi de France par le traité de Munster en 1645. — La famille porte alias de gueules à la croix d'or.

6) Alias Baudricourt, de la terre de ce nom.

7) Le nom primitif de cette famille était Betzstein; François de Betzstein, né en 1579 au château d'Haruel en Lorraine, adopta le premier le nom français de Bassompierre. Il était favori de Henri IV, puis de Louis XIII, fut maréchal de France en 1622, ambassadeur en Espagne et en Suisse, en 1625 en Angleterre, commanda plus tard en Languedoc contre les Huguenots, fut mis à la Bastille par son ennemi le cardinal de Richelieu (1631—1643) et mort en 1646. — Le cousin du précédent, François Annas de B., né en 1612, l'accompagna dans ses campagnes, se rendit après l'emprisonnement du maréchal français en Lorraine, assista à la bataille de Nördlingen sous le commandement du général Gallas, et fit part en 1635, à la campagne de Lorraine contre les Français, quitta en 1636 le service de Lorraine, fut fait prisonnier à Breisach par le duc Bernard de Saxe-Weimar, et ne fut rendu à la liberté qu'en 1640. Il commanda ensuite l'armée impériale en Bohême et en Silésie et fut tué en duel en 1646. — Seigneur et marquis de Removille; marquis de Bassompierre au bailliage de Saint-Michel; créé marquis de Saint-Menge, sous le nom de Baudricourt, le 8. nov. 1719. — Je trouve également comme cimier un cygne et comme supports deux cygnes.

8) Ancienne famille rhénane, éteinte en 1598, qui posséda le château de Boppart détruit en 1249. Dietrich était évêque de Worms en 1349. Le dernier de sa famille était le baron George Bayer de Boppart, conseil et général en chef du duc de Lorraine, qui mourut près de Bude en 1598, âgé de 33 ans.

Les armes primitives, d'argent au lion de sable, qui se trouve aussi couronné, furent déjà portées en sceaux en 1318, 1333, 1361. — Le bras en 2 et 3 se trouve de même cuirassé; ces armes sont celles de la famille de Lossenich, qui furent jointes aux siennes par Conrad B. de B., mort le 6. Oct. 1421, comme armes de sa mère.

Bayon.[9] — Argent à la bande de gueules chargée de trois aiglons d'or.
  Cimier: un aiglon d'or.
Beaufremont.[10] - Vairé d'or et de gueules.
Beauvau.[11] — Argent à quatre lions (alias lionceaux) de gueules, armés, lampassés (et souvent couronnés) d'or, qui est de Beauvau, écartelé de *Craon:* Losangé (d'or et d'azur?).
  Cimier: une tête de sanglier dentée et allumée d'argent.
Belmont. — Or à deux faces d'azur.
  Cimier: un vol adossé au blason de l'écu.
Bemont. — Gueules à la croix plaine d'argent cantonnées de quatre billettes de même.
Beoncourt.[12] — Argent à la face d'azur.
  Cimier: un bus de more tortillé d'argent, au blason de l'écu.
Bildstein. — Or à une épée de sable en barre, à la bande de gueules chargée de trois aiglons d'or brochant sur le tout; écartelé d'or à trois faces de gueules.
Billy.[13] — Gueules à trois billettes d'argent, 2 et 1.
Blainville.[14] — Azur à la croix plaine d'argent cantonnée de vingt croisettes recroisettées aux pieds fichées d'or.
Bourlemont. — Burelé d'argent et de gueules de dix pièces.
Bourmont.[15] — Or à la tête de lion couronnée d'azur.
Bousey. — Or au lion de sable.
  Cimier: un lion naissant de sable au milieu d'un vol d'argent.
Boussegnecourt. — Sable à la bande d'argent.
  Cimier: un bus de More tortillé d'argent, habillé de sable, au milieu d'un vol adossé au blason de l'écu.
Bouttelier. — Écartelé d'or et de gueules.
  Cimier: une demi fille chevelée d'or, levant la main dextre.
Bouxières. — Losangé d'argent et de sable.
Breton. — Gueules à la croix plaine d'or, accompagnée de quatre écussons d'argent.
Bretton. — Or à trois pals de sable, au chef de gueules.

Les Bayer de Boppart possédaient au Rhin et en Lorraine Latour, Loonay, Lossenich, Sternberg, Traintou, etc.

9) La terre de Bayon, dont cette famille porte le nom, est située sur la Moselle, dép. de la Meurthe, arrond. de Luneville. — Les figures des armes sont trois aiglons, c'est-à-dire petits aigles sans bec ni griffes. Le dessinateur en a fait des aigles.

10) Alias Baffromont ou Beffroimont; dit de Ruppes; sieur de Charny; sieur de Soy et de Trichastel. Ils font dériver leurs noms du château de Baufremont près de Neufchateau en Lorraine et possédaient des terres, principalement près de Châlons et en Bourgogne. Chevaliers croisés: Hugues et Liebaut en 1190. — Créations: prince du Saint-Empire, le 8 juin 1757; à la charge de relever le nom et les armes de Gorrevod, duc et pair de France le 31 août 1817; illustrations: cinq chevaliers du Saint-Esprit et quatre de la Toison d'or.

11) Originaire de la province d'Anjou, venu en Lorraine avec les princes de la maison d'Anjou, pendant qu'ils possédaient cet état par le mariage de René d'Anjou, Roi de Naples et de Sicile, avec Isabelle, Duchesse de Lorraine; fait, en 1420. — Foulques de Beauvau, chevalier croisé en 1190; René de B., connétable de Charles d'Anjou, roi de Naples; Jean de B., chambellan de Louis XI; Charles-Just de B., maréchal de France, de 1783—1793. — Créations: marquis de Beauvau, le 4 juillet 1664; marquis de Craon, le 21 août 1712; prince du Saint-Empire le 13 nov. 1722; Grand d'Espagne, le 8 mai 1727; pair de France.

12) Alias Bioncourt.

13) Les armes sont parlantes: Billy — billettes.

14) Les marquis de Blainville tiraient leur nom du château de B. sur l'eau, dép. de la Meurthe, arrond. Luneville. — Le dessinateur y a fait des croisettes simples; il faut qu'elles soient aux pieds fichées.

15) Le fief de famille, la ville de Bourmont, est située dans le dép. de la Marne, arrond. de Chaumont.

Briey. [16] — Or au pal de sable de trois pièces.
Cimier : un vol au blason de l'écu.
Briey. — Echiqueté d'or et de sable.
Cimier : une tête d'aigle au blason de l'écu.
Bulgneville. [17] — Or à trois pals de gueules, au bâton péri d'azur brochant sur le tout.
Busancey. — Burelé d'or et de gueules de huit pièces.
Cimier : deux trompes adossées au blason de l'écu.
Buxey. — Burelé d'or et d'azur de dix pièces, au canton d'argent chargé d'une clef de gueules en pal.
Camasier. — Azur au chevron d'or accompagné de trois roses d'argent.
Chahanay. — Argent à deux lions de sable posés l'un sur l'autre.
Cimier : un cygne essoré d'argent, becqué de gueules.
Chamblay. — Sable à la croix d'argent cantonnée de quatre fleurs de lys d'or.
Chanesey. — Azur au chef d'argent chargé d'un demi-lion naissant (de gueules?).
Chastel. — Argent à la face vivrée de gueules.
Chaufon. — Facé d'or et de sable de six pièces.
Cimier : un vol adossé au blason de l'écu.
Cheleys. — Gironné d'argent et de gueules de douze pièces à l'écusson d'argent brochant sur le tout.
Choiseul. [18] — Azur à la croix plaine d'or cantonnée de vingt billettes de même.
Cimier : trois épis de blé d'or.
Clermont. [19] — Gueules à la clef d'argent en pal.
Clermont. — Gueules au chef d'argent.
Cimier : une tête de cerf d'or.
Commercy. [20] — Azur semé de croisettes recroisettées aux pieds fichées d'argent.
Conflans. [21] — Azur semé de billettes d'or, au lion d'or et au bâton de gueules brochant sur le tout.

---

16) Une des deux familles de Briey tirait probablement son nom de la ville et du château de Briey, dép. de la Moselle, entre Verdun et Thionville.
17) La terre de ce nom est située dans le dép. des Vosges, arrond. de Neufchâteau.
18) Cette famille célèbre est originaire de Bassigny et de la comté de Langres. Plusieurs branches sont établies en Lorraine. — Premier auteur : Reinier de Choiseul 1060. — Titres : Sieur de Clefmont ; sieur de Traves ; — comte de Chevigny près Sémur en Auxois ; — Seigneur de Stainville, de Meuze et de Chevigny ; puis Marquis de Meuse ; marquis de Stainville, le 27 avril 1722 ; baron de Demanges-aux-Eaux, le 8. févr. 1724 ; — sieur de Sorcy, de Lanques, de Beaupré ; comte du Plessis-Praslin, vicomte d'Ostel et d'Oigny, baron de Champagnay, Carconte, Chiny, Soissons, etc. — Duc de Choiseul, en 1758, pair, en 1759, Duc de Praslin, en 1762. — Illustrations : quatre maréchaux de France : Charles de Choiseul-Praslin, 1619—1626 ; César de Choiseul-Duc de Plessis-Praslin, 1670—1675 ; Claude de Choiseul-Francières, 1693—1711 ; Jacques Philippe de Choiseul Stainville, 1753—1759 ; plus de trente lieutenants généraux ou maréchaux de camp ; des ministres ; des ambassadeurs sous Louis XV. et sous Louis XVI. — Branches : I. Des Comtes de Choiseul-Gouffier, fixée en Russie ; II. Des comtes de Choiseul d'Aillecourt, existants en France ; III. Des Ducs de Choiseul-Praslin. Les armes se trouvent aussi d'azur à la croix d'or cantonnée de dix-huit billettes de même, cinq (2, 1, 2) à chaque canton du chef, quatre (2, 2) à ceux de la pointe.
19) Les ducs de Clermont-Tonnerre, qui portent le nom de la baronnie libre et souveraine de Clermont en Dauphiné, ont pour armes : de gueules, à deux clefs d'argent passées en sautoir. D'après ces armes, il semble que notre famille lorraine touche celui-là.
20) La terre et seigneurie de Commercy est situé dans le dép. de la Meuse.
21) La terre de Conflans est située dans le dép. de la Moselle, arrond. de Briey. La copie des armes

Custines.[22] — Azur au chevron d'or, au chef de même.
Deche. — Gueules à deux fasces d'argent, la première chargée de trois boules de sable.
Des Buchets. — Azur à treize billettes d'or 5, 4, 3, 1.
   Cimier: une tête d'aigle d'argent, ailé d'azur billeté d'or.
Desche. — Burelé de dix pièces d'hermine et de gueules.
   Cimier: deux cornes au blason de l'ecu.
Deulange. — Or à la fasce vivrée de gueules accompagnée en chef d'un lambel d'azur.
Deully. — Burelé d'or et de sable de dix pièces.
   Cimier: deux trompes au blason de l'ecu.
Dinteuille. — Sable à deux léopards lionnés d'or posés l'un sur l'autre.
   Cimier: une tête de sanglier avec le col de sable, denté et allumé d'argent.
Domballe.[23] — Sable à deux truites adossées d'argent, accompagnées de quatre croisettes, recroisettées d'or au pied fiché.
   Cimier: deux truites d'argent, les queues en haut.
Dongey. — Gueules au pal de vair de trois pièces au chef d'argent, chargées au milieu d'une merlette de sable.
Donleuière. — Or à la bande de gueules chargée d'une étoile d'or en chef.
Dung. — Gueules au pal de vair de trois pièces.
   Cimier: une tête de lion d'or.
Espinal. — Azur, semé de fleurs de lys d'or sans nombre à la croix de gueules.
Essey.[24] — Gironné d'argent et de gueules de dix pièces à l'écusson d'argent brochant sur le tout.
Failly.[25] — Argent à l'arbre de gueules de trois feuilles, accompagné de deux merlettes de sable affrontées.
Fay.[26] — Gueules à trois pals de vair au chef de gueules.
Fenestranges.[27] — Azur à la fasce d'argent.
   Cimier: une tête de chien (lévrier) d'argent, au collet d'azur bordé d'or.
Ficquelmont.[28] — Or à trois pals aux pieds fichés de gueules, accompagnés en chef d'un loup passant de sable.

---

a été omise sur la planche, parceque la figure, que donne le manuscrit de Callot, ne correspond pas avec la description. L'image ne contient que le bâton brochant sur l'écu.

22) Custine, Condé sur Moselle, dép. de la Meurthe, arrond. Nancy posséda le titre de marquisat et de l'ancienne famille, était le maréchal Adam Philippe comte de Custine, qui prit en 1792 Mayence et Francfort s. M. et qui fut guillotiné le 29. août 1793. Son fils Renaud Philippe de Custine mourut de même sur l'échafaud à Paris en 1794. Adolphe Marquis de C., fils du dernier, est célèbre comme écrivain touriste, principalement par son ouvrage: la Russie en 1839. Paris 1843. 4 vols. Il mourit en son château près de Pau, en 1857. — Il y avait encore en Lorraine une autre famille de ce nom, originaire du pays de Liége, sieur de Villy, de Coms, d'Afflances. Elle porte blason d'argent à la bande coticée de sable; écartelé de même semé de fleurs de lys d'argent.

23) Alias Dombasle de la terre du même nom. Joseph Alex. Math. de D., le fondateur des instituts agricoles en France, né à Nancy en 1777, mort 1843.

24) La terre d'Essey dans le dép. de la Meurthe, arrond. de Toul.

25) Dans le Barrois non mouvent, sous la châtellenie de Stenay. L'arbre se présente comme un rameau; d'autres de ce nom portent un chou simple, d'autres trois maillets.

26) Portent le nom du bourg de Fay Billot, dép. de la Marne, arrond. de Langres.

27) Fenestranges sur Sarre, dép. de la Meurthe, arrond. Sarrebourg.

28) Famille ancienne de Lorraine. Il y en avait deux branches: Ficquelmont de Malatour (Mars la Tour), qui habita Malatour, entre Metz et Verdun, et Ficquelmont de Lorroye, près Einville. Dans la seconde

Fleuille.[29] — De vair.
    Cimier: un demi dragon d'or.
Floreville.[30] — Fascé d'argent et d'azur, à l'ombre d'un lion brochant sur le tout, à la bordure engrêlée de gueules.
Fontaines. — Bandé d'or et d'azur de six pièces au chef d'azur chargé de trois balles d'or.
Forcelles. — Sable à neuf trèfles d'argent, 3, 3, 3.
Forcey. — Azur à trois figures semblables à 3 rocs d'echiquier d'or, au chef d'argent au lion naissant de gueules.
Fresnel. — Azur à trois bandes d'argent au chef d'azur chargé d'un demi-lion d'or.
Gallian. — Azur à une demi-croix d'argent, au chef d'or au coq au naturel.
Gerbevillers.[31] — Gueules à deux saumons adossés d'argent cantonnés de quatre croisettes recroisettées aux pieds fichés d'or.
Gerbevillers. — Sable au chef d'argent chargé de trois pals de sinople.
Going. — Azur à la croix plaine d'argent, cantonnée de quatre fleurs de lys d'or.
Gournay.[32] — Gueules à trois tours d'argent posées en bande.
Grancy. — Argent au chef de gueules.
Greincourt. — Argent à deux lions de gueules, l'un sur l'autre.
    Cimier: un château d'argent.
Guermange. — Gueules à une figure d'or, semblable aux cornes de bélier.
Guernicy. — Azur a l'écusson d'argent.
Haranges. — Or au lion d'azur couronné d'or.
    Cimier: un lion assis au blason de l'écu.
Haraucourt.[33] — Or à la croix de gueules au premier canton d'argent chargé d'un lion de sable.
    Cimier: un cygne tenant au bec une bague d'or.

---

moitié du 18e siècle, la maison se rendit en Autriche Joseph, Comte de F., né en 1755 à St. Avold prit service dans l'armée autrichienne en 1777, et commandait un bataillon de grenadiers au commencement de la campagne d'Italie et se battit vaillamment près de Vérone le 3. Mars 1789. Blessé mortellement dans la bataille de Magnano le 5. avril 1799, il mourut de ses blessures le 17. avril 1799 à Vérone. — Charles Loüis Comte de F., né le 23. mars 1777, chevalier de la Toison d'or, chambelan, Feldzeugmeister, général de cavalerie, ministre d'État, fameux également comme militaire et homme d'État, mort le 6. avril 1857; avec lui est éteinte la ligne masculine. Sa fille unique, Elisabeth Alexandra, née le 10. nov. 1825, est mariée avec Edmond Prince de Clary et Aldringen.

29) Alias de Fléville; la terre de F., en Lorraine, donna le nom à cette famille. Les couleurs des armes me sont inconnues.

30) Alias de Florainville; originaire du pays de Luxembourg. La dernière de cette ancienne maison était l'Abesse de Sainte-Marie de Metz, abbaye séculière de Chanoinesses. La terre de Florainville est échue en partie à la maison de Beauvau-Fléville, et en partie à celle de Choiseul-Meuse. — Selon d'Hozier, les armes sont d'argent à trois bandes d'azur à un lion de sable brochant sur le tout, à la bordure engreslée de gueules.

31) Une de deux familles de Gerbevillers porte les noms de la ville et du château de G., dép. de la Meurthe, arrond. de Lunéville.

32) Famille très ancienne de Lorraine, originaire de France; il y en avait trois branches: la première établie à Metz, et les branches d'Estreval et de Friaville établies en Lorraine.

33) C'était une des maisons les plus anciennes de Lorraine. Il y en avait plusieurs branches qui sont éteintes: Haraucourt-Chambley est échue à la maison de Livron; une autre branche est échue à la maison de Bassompierre. Il y en avait en Bourgogne une branche d'Haraucourt, mais pauvre et presque inconnue. Le dernier Marquis d'Haraucourt, fils du Maréchal de Lorraine et petit-fils du Gouverneur de Nancy, possédait en Lorraine le marquisat de Ficquelmont, la terre de Dalem, Caignies et autres lieux. — Les armes se trouvent aussi d'or à la croix écartelée de gueules et d'argent, au canton dextre d'argent à un lion de sable. — Selon d'Hozier: d'or à une croix de gueules cantonnée d'un lion de sable.

Haussonville.[34] — Or à la croix de gueules frettée d'argent.
Hautoy.[35] — Argent au lion de gueules.
  Cimier: un demi-lion de gueules.
Herbeuiller.[36] — Azur à la croix d'argent cantonnée de seize fleurs de lys d'or.
Houssé. — Argent au chef échiqueté de trois traits d'argent et d'azur.
  Cimier: deux massues d'or mises en sautoir.
Jaulny.[37] — Argent à trois chevrons de gueules à la bordure engrêlée d'or.
Igny. — Burelé d'argent et de gueules de dix pièces.
  Cimier: deux cornes adossées au blason de l'écu.
La Court.[38] — Gueules à l'aigle d'argent à la bande d'or chargée de trois tours de sable brochant sur le tout.
La Marche. — Azur à la croix plaine d'argent, cantonnée de quatre rocs de même.
La Motte. — Or à trois têtes de lions de gueules couronnées d'argent.
Landre.[39] — Argent au pal de gueules de trois pièces.
  Cimier: un vol adossé d'argent entre un chapeau de cardinal.
La Tour Landry. — Or à la fasce bretessée de gueules au côté du chef.
La Tour de Vouare. — Gueules à quatre lions d'or posés l'un sur l'autre, deux à dextre et deux à sénestre.
Launay. — Azur à la bande d'argent accompagnée de onze billettes de même, six en chef et cinq en pointe.
  Cimier: un vol adossé au blason de l'écu.
La Vaux. — Sable à trois tours d'argent, 2 et 1.
  Cimier: une tour d'argent.
Lencourt. — Azur à la croix engrêlée d'argent.
  Cimier: une tête de Licorne d'or.
Lenoncourt.[40] — Argent à la croix engrêlée de gueules.
  Cimier: une tête de chièvre d'argent.

---

34) Alias Clairon d'Haussonville, une des familles les plus anciennes de Lorraine et de Champagne. Joachim de Clairon était marié avec Françoise de Pragonçal. Sa filiation est: Antoine, ép. N. de Damas; Claude, ép. Gabrielle de Dauerhoux; Antoine, ép. Agnès de Ragecours. Jean Ignace qui portait le titre de comte d'Haussonville, ép. Marie-Louise du Hautoy. Le dernier avait deux fils: Charles I et Jean Albert. Tous les deux se rendirent pour un héritage en Silésie; Charles I y restait et devint la souche des comtes d'Haussonville, qui existent encore en Silésie. Cette branche reçut du roi de Prusse la confirmation de son titre de comte en 1789. — Jean Albert, frère cadet de Charles I., retourna en France, où ses descendants vivent encore. — L'ancienne maison de Saffre, originaire de Bourgogne, à laquelle échut la baronnie d'Haussonville, en Lorraine, adopta de même le nom de Haussonville et nous trouvons que les comtes Clairon d'Haussonville, en Silésie, portent les armes de la famille de Saffre-Haussonville: de gueules à la croix pattée et alaisée d'argent, accompagnée de quatre petites croix pattées de même. Selon nous, ces armes n'appartiennent pas à cette branche allemande.

35) du Hautoy — originaire de Luxembourg. — Le lion se trouve aussi lampassé et couronné d'or, la queue fourchue.

36) Alias Herbevilliers. La terre d'H., dont cette famille porte le nom, est située entre Lunéville et Blamont.

37) La terre de Jaulny en Barrois.

38) Didier de La Cour, né en 1550 à Monzeville, bénédictin, réforma comme Abbé de St.-Vanne à Verdun son monastère, exemple que suivirent bientôt sous l'injonction du pape Clément VIII beaucoup d'autres cloîtres, de sorte que La Cour fonda la congrégation de St.-Maur. Il mourut en 1623.

39) Alias Lendres, sous la Châtellenie de Briey, Sieur de Tichemont.

40) Une des familles les plus illustres de l'ancienne chevalerie de Lorraine. Son nom primitif était de

Les Vieux. — Or à trois pals de gueules.
Letricourt. — Argent à la fasce de sable accompagnée en chef d'un lion de gueules.
Lieuron.[41] — Fascé d'argent et de gueules de six pièces au franc-canton d'argent, chargé d'un roc de gueules.
Cimier: une tête de licorne d'argent.
Ligneville.[42] — Losangé d'or et de sable.
Cimier: une tête de boeuf de sable, accolé d'or.
Ligny.[43] — Azur au chevron d'or.
Liocourt. — Azur au lion léopardé passant d'or.
Lisceras. — Parti: au 1 d'azur à trois coquilles d'argent en pal; au 2 burelé d'or et de sable.
Longueville. — Azur à un aiglon d'argent mis en fasce.
Louppy.[44] — Gueules à cinq annelets d'argent en sautoir.
Lucy. — Argent à trois lions de sable.
Cimier: un lion naissant au milieu d'un vol d'argent.
Ludres.[45] — Bandé d'or et d'azur de six pièces à la bordure engrêlée de gueules.
Lunéville. — Or à la bande de gueules chargée de trois croissans d'argent.
Macheville. — Argent au pal engrêlé de gueules.
Malberg.[46] — Argent à l'écusson de gueules, qui est de Malberg; écartelé de gueules à la croix ancrée d'argent.
Mancey. — Or à la croix engrêlée de gueules.
Mandres. — Or à la bande d'azur accompagnée de sept billettes de même, trois en chef et quatre en pointe.
Manonville. — Or à la croix de sable frettée d'argent.
Marcossey.[47] — Azur au lévrier courant d'argent accolé de gueules.
Marley. — Gueules au lion d'argent.
Heaume couronné d'or. — *Cimier:* un demi-lion d'argent.
Masuroy. — Gueules à un écusson d'argent.

Nancy. Sieur de Gondrecourt et de Serre; — marquis de Blainville et de Serre; — sieur de Pierrefort; — comte de Vignory et sieur de Colombey; — marquis de Lenoncourt, baron de Neuveron. — A cette maison appartenaient les deux Cardinaux Robert et Philippe de Lenoncourt, oncle et neveu, le premier, Evêque de Metz, le second, Archevêque de Rheims; un Marquis de L. fut tué au siège de Thionville en 1643.

41) Alias Livron, originaire du Dauphiné, a possédé les plus grandes charges de l'État et les terres les plus considérables en Lorraine. Sieur de Bourbonne, de Ville et de Haraucourt. — Une autre branche, sieur de Leaumont.

42) Alias Ligniville, une des familles les plus anciennes de Lorraine, dont il y avait plusieurs branches. La terre de Ligneville avait passé depuis longtemps par les femmes à d'autres maisons. Sieur de Tumejus et de Vannes, — baron de Villars, — sieur de Tantonville, — comte d'Autricourt, seigneur d'Autreville en 1670, — marquis de Houecourt, en 1720. — Les comtes de Ligneville, qui commandaient les troupes du duc de Lorraine, en Flandre, quand les Espagnols les firent arrêter en 1654, étaient de cette maison.

43) La comté de Ligny en Barrois, dép. de la Meuse, arrond. de Bar-le-Duc.

44) Louppy-le-château en Barrois.

45) Alias de Ludre, originaire du comté de Bourgogne, et qui prétend même descendre des anciens comtes de Bourgogne, est une des familles les plus distinguées de Lorraine. Elle possédait les terres de Ludre et de Richardmesnil. La seigneurie de Richardmesnil a été érigée en marquisat avec celle de Bayon, le 7 oct. 1720.

46) La terre et le château de Malberg sont situés près de Trèves.

47) Marcoussey, Marcoussy, Marcossey, maison éteinte originaire de Savoye, échue à la maison d'Haraucourt en Lorraine et en partie à la maison d'Huxelles Cussigny et Viange en Bourgogne. Ils étaient Sieurs de Dompmartin, Comtes de Marcossey, sieurs de Going, Essay et Passavant.

Maulgiron. — Gironné d'argent et de sable de six pièces.
Meny la Tour. — Hermines à trois chevrons de gueules.
Mercy.[48] — Or à la croix d'azur.
    Cimier: un goulet jetant des herbages au milieu de deux têtes de paon à naturel.
Mitry.[49] — Argent à trois boules de gueules.
    Cimier: un bus de more habillé de gueules, tortillé d'argent.
Moitrey. — Gueules à la bande d'argent chargée de trois merlettes d'azur.
Montclef. — Argent à la clef de gueules (en bande où en pal).
Montson. — Argent à la croix d'azur semée de croisettes recroisettées d'or aux pieds fichés.
More. — Gueules à trois roses d'argent.
Netancourt.[50] — Gueules au chevron d'or.
    Cimier: une tête de braque d'argent.
Neufchasteau.[51] — Or à la bande de gueules chargée de trois châteaux d'argent.
Neufchastel. — Argent à la fasce de sable.
    Cimier: un bus de More au blason de l'écu.
Noirfontaine. — Gueules à trois étriers d'or.
Nurry. — Azur au chef d'argent au lion naissant de gueules.
Parroye.[52] — Gueules à trois lions d'or à la bordure engrêlée d'azur.
Pierrefort. — Or au lion naissant de gueules.
Porcelet. — Or au porcelet de sable.
    Cimier: une tête de sanglier avec le col de sable, au milieu d'un vol d'or.
Pouilly. — Argent au lion d'azur.
    Cimier: un pélican.
Pulligny. — Azur au lion couronné d'or.
Raucourt.[53] — Argent au lion de gueules couronné d'or.
    Cimier: un lion naissant de même.
Rauille. — Gueules à trois chevrons d'argent.
    Cimier: une tête de paon à naturel.

---

48) La terre de Mercy et les autres biens de cette famille ancienne étaient situés auprès de Longwy. François de Mercy, né vers 1600 à Longwy en Lorraine, prit service en Bavière, et devint bientôt général. Il est mort en 1646 dans la bataille de Nördlingen. Son petit-fils, Florimund Claudius de Mercy, né en 1666, en Lorraine, entra dans l'armée autrichienne, fut nommé, en 1709 maréchal de camp, en 1719 commandant en chef de la Sicile, comte de Mercy le 19 mars 1719, général en chef en 1734, et périt à l'attaque de Croisetta dans la même année. Il avait adopté Antoine, comte d'Argenteau, un de ses parents, qui prit le nom de Mercy et mourut en 1767 gouverneur impérial à Esseg. De lui descend M. d'Argenteau, comte de Mercy, mort en 1794, embassadeur imp. à Londres.

49) Mitry ou Mittry, originaire de Metz, une des familles les plus anciennes de Lorraine. Sieur de Fauconcourt et de Bouzillon. — Je trouve les figures des armes désignées par trois tourteaux.

50) Alias Nettancourt, illustre maison de Champagne; la terre de Nettancourt, dont elle porte le nom, est le dernier village de Champagne du côté du Barrois. Il y avait plusieurs branches de cette maison dans la Lorraine et dans le Barrois: Sieur de Vaubecourt et de Chastillon; sieur de Vaubecourt et de Passavant, comte de Vaubecourt, Nettancourt-Passavant, etc.

51) De cette famille était probablement le comte François de Neufchâteau, né en 1752 à Listol de Grand en Lorraine, en 1797 ministre de l'intérieur, puis sénateur à Dijon et en 1806 à Bruxelles, mort en 1828. Il est connu comme écrivain moraliste, en autres il a écrit sur l'agriculture, la jurisprudence et l'histoire.

52) Porte le nom de la terre de Parroye en Lorraine, qui appartint plus tard à la famille de Fiquelmont.

53) La terre de Raucourt, dép. des Ardennes, arrond. de Sedan est peut-être le bien de famille?

Rosières.[54] — Losangé d'or et d'azur.
Ruppe. — Argent à trois écussons de gueules.
Saint-Empure. — Parti d'or et d'azur à la bande d'hermine brochant sur le tout.
Saint-Loup. — Or à trois bandes de gueules.
 Cimier: deux cornes adossées au blason de l'écu.
Sorbey. — Argent au croissant montant de gueules, accompagné en chef d'une étoile de sable.
Tournoy. — Azur à la croix plaine d'argent, cantonnée de vingt fleurs de lys d'or.
Valhey.[55] — Une bande engrêlée accompagnée de douze billettes, six en chef et six en pointe.
Vaudoncourt.[56] — Azur à la bande d'or, accompagnée de sept billettes de même.
Ville. — Or à croix plaine de gueules.
Viniers.[57] — Fascé d'or et d'azur de six pièces.
 Cimier: deux trompes au blason de l'écu.
Wisse. — Argent à trois têtes de mores de sable, tortillées d'argent.
 Cimier: une tête de more tortillée d'argent.

---

54) La ville de Rosières, dep. de la Meurthe, arrond. de Nancy, donna le nom à la famille.
55) Alias Valhaye, d'après la terre de ce nom en Lorraine.
56) De cette famille lorraine était Guillaume de Vaudoncourt, né en 1772 à Vienne, qui prit service en France en 1791, obtint en 1801 le commandement de l'artillerie de la républ. ital., devint général en 1809, où il commandait d'abord en Tyrol, plus tard gouverneur de Raab. En 1812 fait prisonnier à Wilna; il retourna en 1814 en France, devint inspecteur de la garde nationale à Metz pendant les 100 jours, mais après la seconde restauration il se rendit à Munnich. En 1821 il alla en Piémont, devint général en chef de l'armée insurgée italienne, mais bientôt il fut obligé de fuir en Espagne, plus tard en Angleterre. Il ne reçut la permission de rentrer en France qu'en 1825.
57) Peut-être de Vivière, dont la baronie de ce nom était située en Barrois?

Explication des émaux.

	Français	Latin	Italien	Espagnol	Allemand	Anglais	Hollandois
	Or	aurum	Oro ou giallo	Oro	Gold ou Gelb	Or	Goud
	argent	argentum	argento ou bianche	plata	Silber ou Weiss	argent	zilver
	gueules	rubeum ou minialum	rosso	sangre	Roth	gules	rood
	azur	caeruleum ou cyaneum	azzurro	azul	Blau	azur ou blue	blaauw ou azul
	sinople	viride	verde	verde	Grün	vert	groen
	sable	nigrum	nero	negro	Schwarz	sable	zwart

ARMORIAL DE LORRAINE. Pl. I.

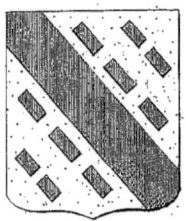
Aaronvey.

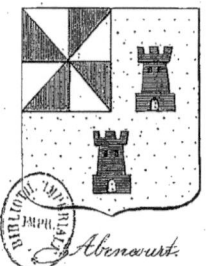
Abonourt.

Aigremont.

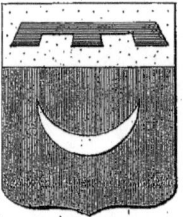
Allamont.

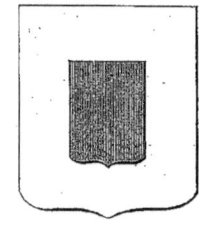
Amance.

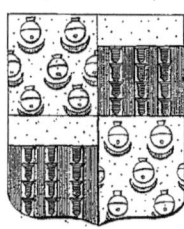
Anglure.

Aspremont.

Aspremont.

Augueiller.

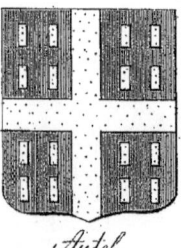
Autel.

Autremont.

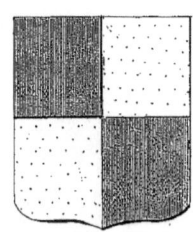
Ayne.

Lith. Inst. 2 Wor.

ARMORIAL DE LORRAINE. PL. II.

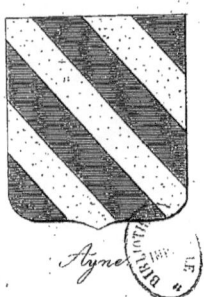
Ayne.

Baudricourt.

Baissey.

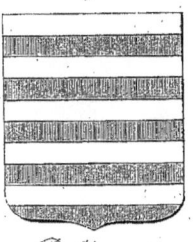
Ballomont.

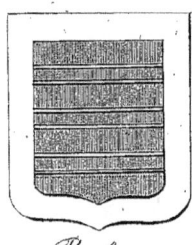
Barbay.

Baresey.

Barisy.

Bassompierre.

Baxemont.

Bayer de Boppart.

Bayon.

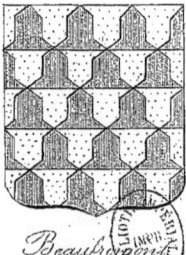
Beaufremont.

ARMORIAL DE LORRAINE. PL. III.

Beauvau.

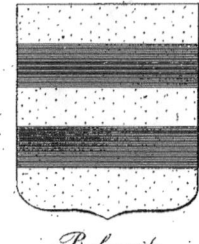
Belmont.

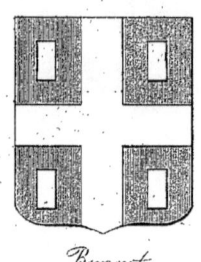
Bermont.

Beoncourt.

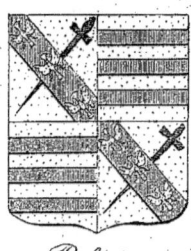
Bildstein.

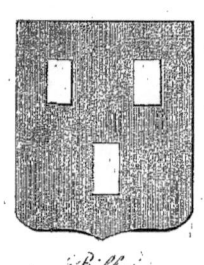
Billy.

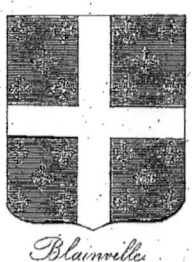
Blainville.

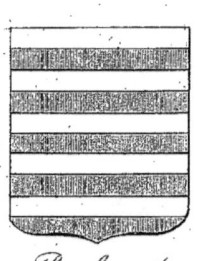
Bourlemont.

Bourmont.

Bouscy.

Boussegnecourt.

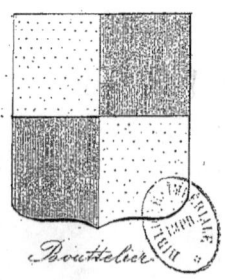
Bouttelier.

Lith. Inst. A. Werl.

ARMORIAL DE LORRAINE. PL. IV.

Bouxières.

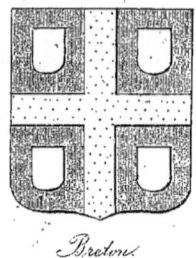
Breton.

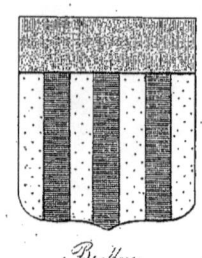
Bretton.

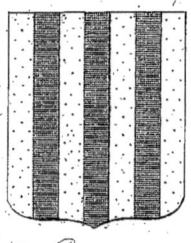
Briey.

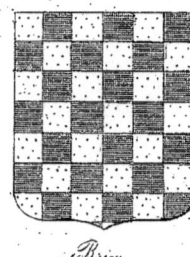
Briey.

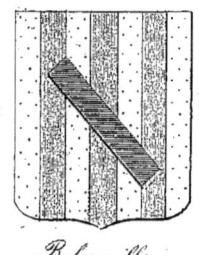
Bulgneville.

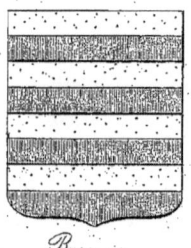
Busancy.

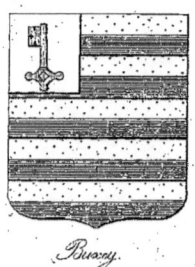
Buxy.

Camasior.

Chahanay.

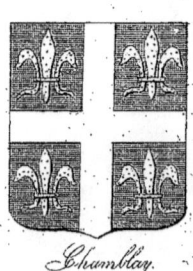
Chamblay.

Chancey.

ARMORIAL DE LORRAINE. PL. V.

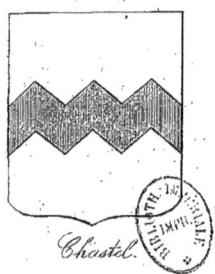  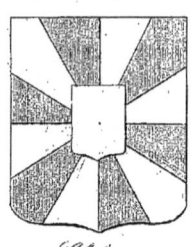

Chastel.   Chaufour.   Cheligy.

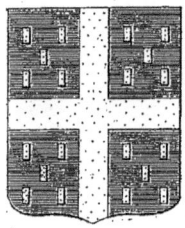 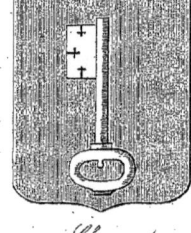 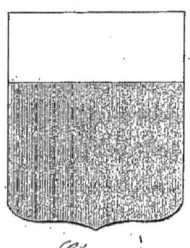

Choiseul.   Clermont.   Clermont.

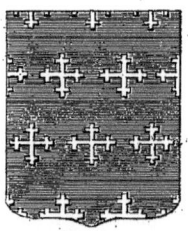 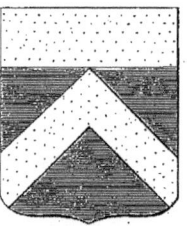 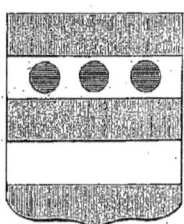

Commercy.   Custines.   Deche.

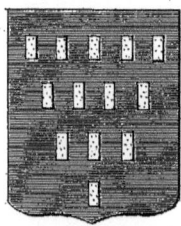  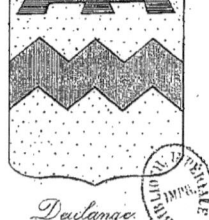

Des Buchets.   Desche.   Deulange.

ARMORIAL DE LORRAINE.   Pl. VI.

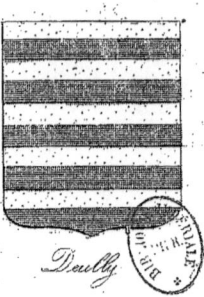
Dailly.

Dinteville.

Domballe.

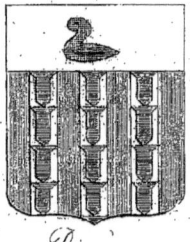
Dongey.

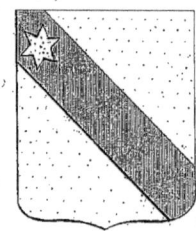
Donlauiere.

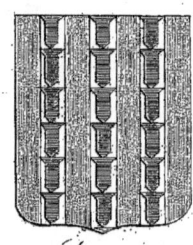
Dung.

Espinal.

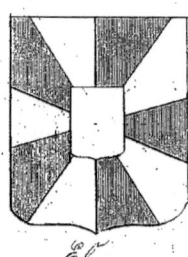
Esuey.

Failly.

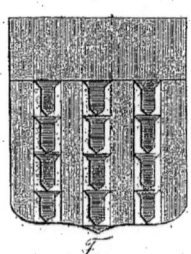
Fay.

Fenestranges.

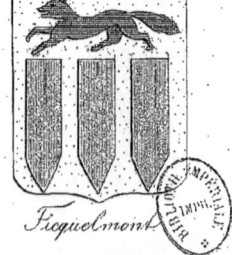
Ficquelmont.

Lith. Inst. A. Werl.

ARMORIAL DE LORRAINE PL. VII

Flauille.

Floreville.

Fontaines.

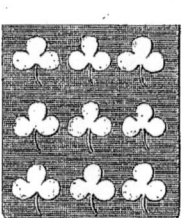
Forcelles.

Forcey.

Fresnel.

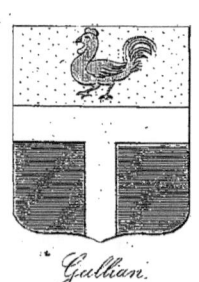
Gallian.

Gerbeuillers.

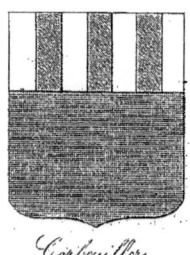
Gerbeuillers.

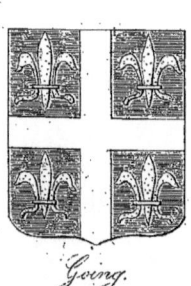
Going.

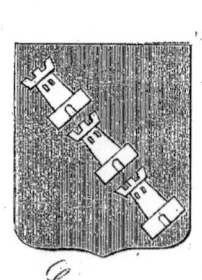
Gournay.

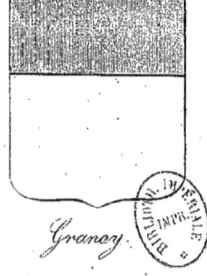
Grancy.

Lith. Inst. d. Werl.

ARMORIAL DE LORRAINE — PL. VIII

Greincourt.

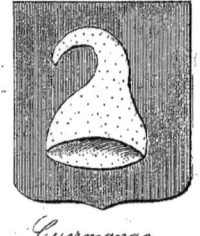
Guermange.

Guernicy.

Haranges.

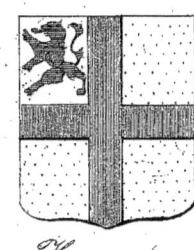
Haroucourt.

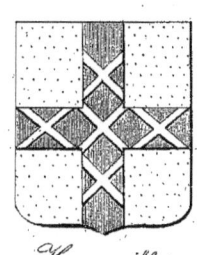
Haussonville.

Hautoy.

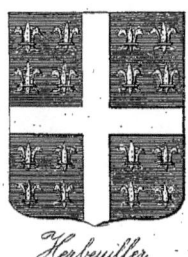
Herbeuiller.

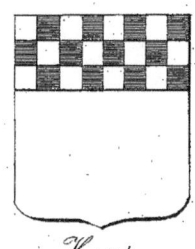
Houssé.

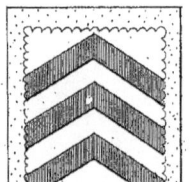
Jaulny.

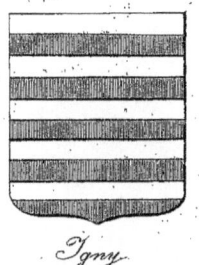
Igny.

La Cour.

ARMORIAL DE LORRAINE PL. IX.

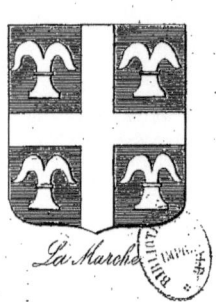
La Marche.

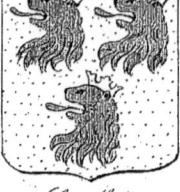
La Motte.

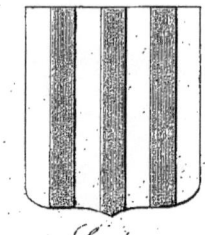
Landre.

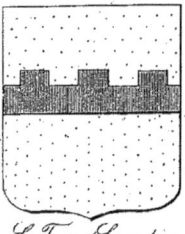
La Tour Landry.

La Tour de Vouare.

Launay.

La Vaux.

Lencourt.

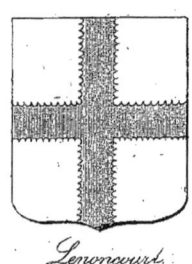
Lenoncourt.

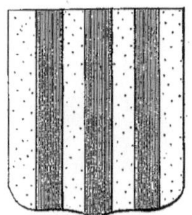
Les Vreux.

Letricourt.

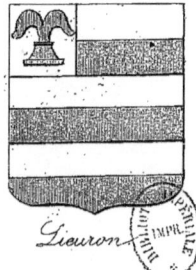
Licuron.

ARMORIAL DE LORRAINE. PL. X.

Ligneville

Ligny

Livocurt

Liserai

Longueville

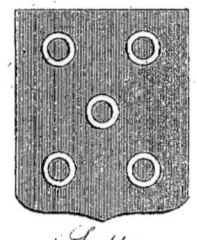
Louppy

Lucy

Ludres

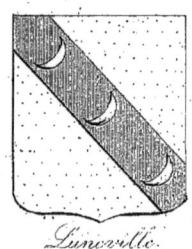
Lunéville

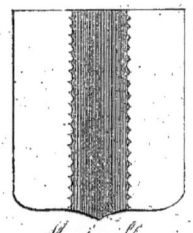
Machoville

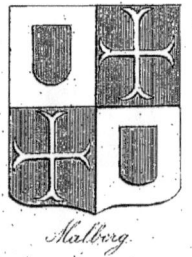
Malberg

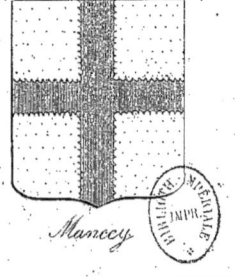
Mancey

ARMORIAL DE LORRAINE. PL. XI.

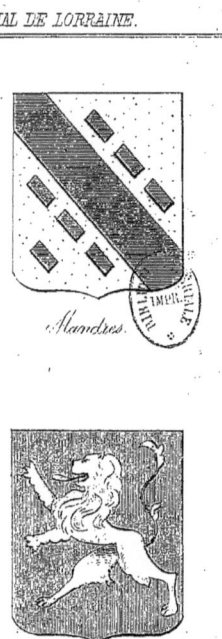
Mandres.

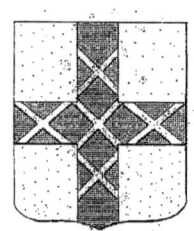
Marienville.

Marcossoy.

Marloy.

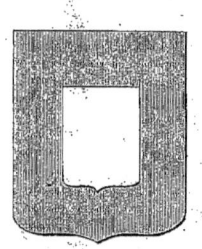
Musuroy.

Haulgeron.

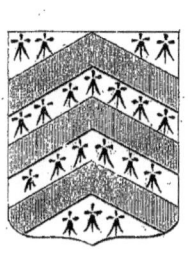
Meny la Tour.

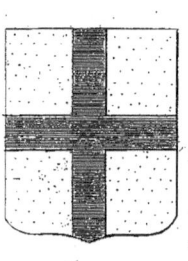
Mercy.

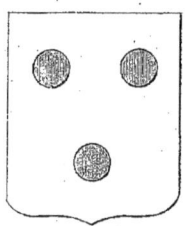
Mitry.

Moetroy.

Montelof.

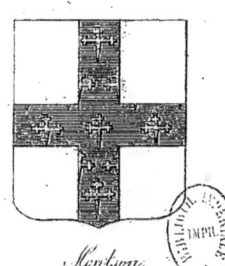
Montson.

ARMORIAL DE LORRAINE. PL. XII.

More.

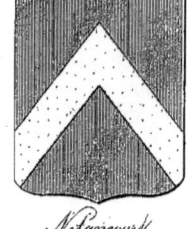
Netancourt.

Neufchasteau.

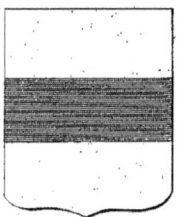
Neufchastel.

Noirfontaine.

Nurry.

Parroye.

Pierrefort.

Porcelet.

Pouilly.

Pulligny.

Raucourt.

ARMORIAL DE LORRAINE. PL. XIII.

Rauille.

Rozières.

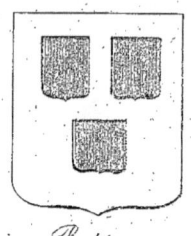
Ruppe.

Saint-Empure.

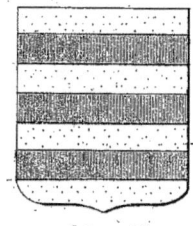
Saint-Loup.

Sorbey.

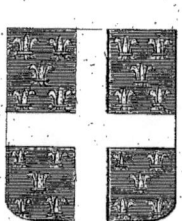
Tournoy.

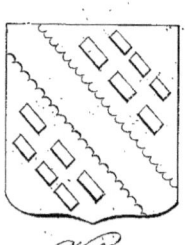
Valhey.

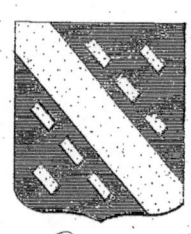
Vaudoncourt.

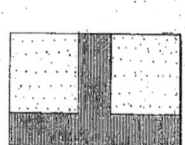
Ville.

Viniers.

Wyss.

Lith. Inst. A. Werl.

www.ingramcontent.com/pod-product-compliance
Lightning Source LLC
Chambersburg PA
CBHW070657050426
42451CB00008B/388